L'ESSENTIEL junior

LES GAULOIS

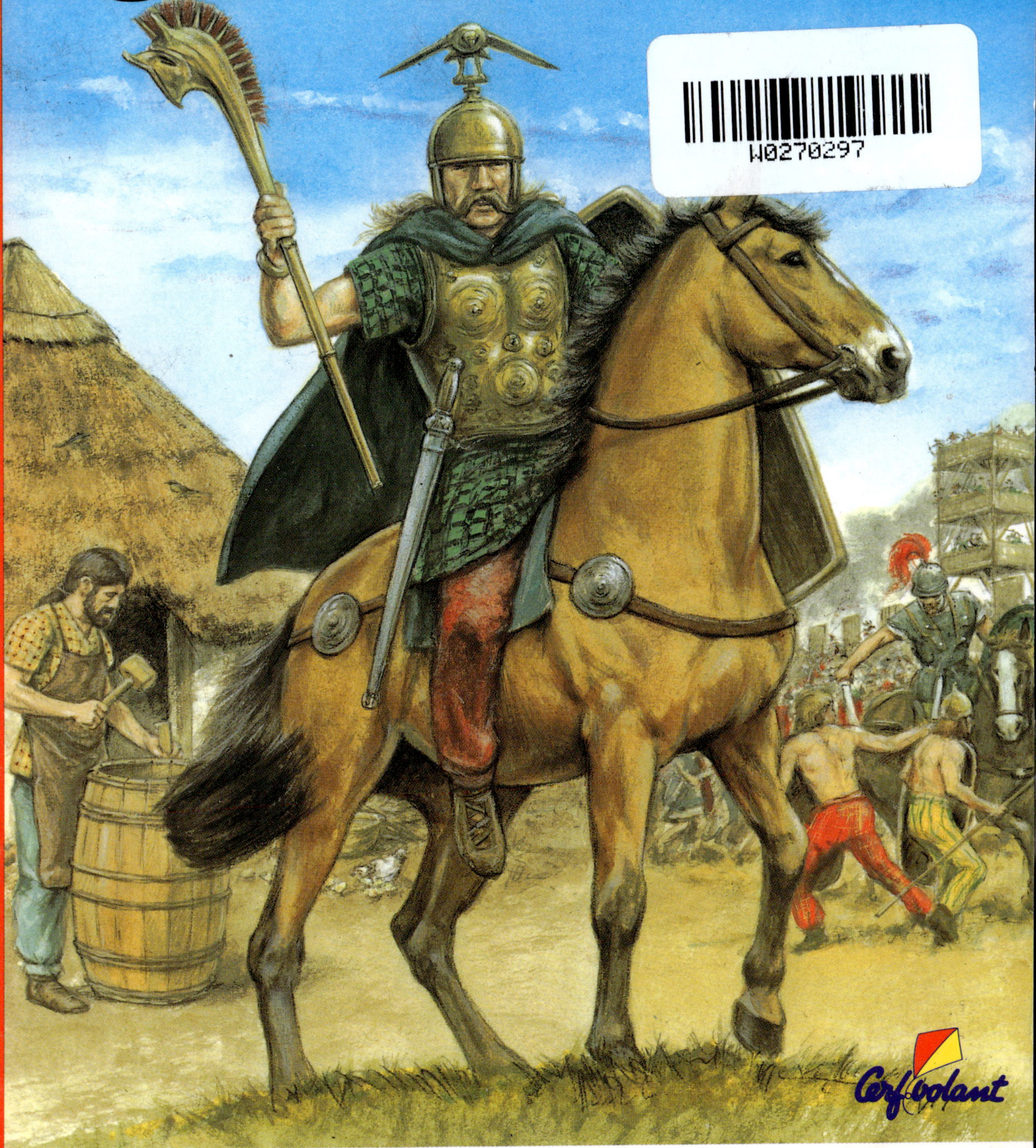

Cerf-volant

+ DOCUMENTATION SCOLAIRE DÉTACHABLE

LES ARTISANS

Tous les objets de a vie quotidienne gauloise ont appel au talent d'habiles artisans.

Le travail du bois

Les nombreuses forêts de Gaule ont fait des Gaulois des bûcherons et des charpentiers hors pair. Ils savent utiliser les différentes essences de bois pour construire maisons, chars, bateaux, outils, et même des tonneaux !

Le forgeron

C'est un artisan très important dans le village. Grâce à sa echnique, il transforme le fer et le façonne pour en faire l'outil ou l'arme souhaitée. Dans sa orge, il martèle le métal rougi au feu de bois jusqu'à obtenir a forme désirée.

Forgeron

Au préalable, le minerai de fer, nutilisable tel quel, a été chauffé à haute température dans **des fours** spécifiques en forme de cheminées et a ainsi été débarrassé de ses impuretés.

Le bronzier et l'orfèvre

Le bronzier fond du cuivre et de l'étain pour obtenir du bronze. Il coule cet alliage dans des moules pour fabriquer des poignées

d'épée, des bijoux, des pièces d'harnachement de chevaux, des tôles qui serviront à faire des chaudrons... L'orfèvre travaille, grave et cisèle l'or et l'argent pour créer des bijoux et des pièces d'apparat.

Le potier

Beaucoup de récipients de la vie courante sont réalisés par le potier, qui modèle la terre et la cuit, obtenant ainsi

Modèle de char gaulois

des pots, des vases, des plats en céramique... Mais les Gaulois importent aussi de nombreuses céramiques d'Italie et de Grèce. Bien que **le tour de potier** apparaisse en Gaule au Ve siècle av. J.-C., il est d'abord réservé à des céramiques fines.

Tisserands et tanneurs

Les Gaulois tissent de belles étoffes en lin et en laine de mouton. Ils confectionnent aussi des vêtements chauds, des couvertures et des tentures. Une fois tondue, la laine est bien nettoyée puis elle est souvent teinte avant d'être tissée.
La peau est utilisée sous forme de cuir pour la fabrication de chaussures, de tabliers, de harnais, d'outres, de ceintures... Cette peau est préparée par le tanneur. Elle est grattée, attendrie grâce au tanin de chêne et étirée. Puis elle est découpée et cousue par le cordonnier ou le bourrelier.

Orfèvre

Potier

Tanneurs

Tonnelier

LA VIE QUOTIDIENNE

La famille gauloise vit de ce qu'elle produit. Les journées sont donc bien occupées par les différentes tâches agricoles et domestiques.

Si le père est paysan ou forestier, il est souvent parti travailler à l'extérieur. S'il est artisan, il est à son atelier. La femme et les enfants s'occupent sans doute à la maison. La mère est chargée de nourrir et d'habiller la famille, elle moud le grain, prépare le pain, sale et conserve la viande, et tisse vêtements et couvertures. Elle peut aussi aider son mari au commerce ou aux travaux des champs. Les familles sont souvent grandes et comprennent vraisemblablement les grands-parents, les oncles et tantes, les cousins...

On peut penser que les familles restent proches les unes des autres, formant des groupes, **des clans** et des peuples. La Gaule est ainsi composée de nombreux peuples.

Les repas

Les Gaulois se nourrissent de céréales (blé, orge, seigle), de légumes secs comme les fèves, les pois chiche et verts comme le chou. Paysans, ils consomment des produits de la ferme (volaille, cochon, veau, mouton). Ils chassent occasionnellement le sanglier, le chevreuil et d'autres gibiers. Près des rivières et des côtes, le poisson et les coquillages sont appréciés.

Les banquets

Les hommes sont amateurs des grands repas animés qui ont lieu au retour de la guerre ou de la chasse et qui durent parfois plusieurs jours. Ces banquets sont ponctués par les récits **du barde**, le poète du clan. Le vin, la cervoise (sorte de bière) et l'hydromel (alcool au miel) échauffent les esprits.

L'AGRICULTURE

L'activité agricole est essentielle pour les Gaulois, qui sont de remarquables paysans. Ils savent enrichir la terre lorsque cela est nécessaire (en apportant par exemple à un sol pauvre des élements fertiles) et ils améliorent considérablement les techniques agricoles.

L'apparition du fer est une révolution pour l'agriculture gauloise. En perfectionnant les outils, ils améliorent les récoltes et les rendements. Les Gaulois disposent de bêches, de faux, de faucilles et d'araires

efficaces pour retourner la terre. Ils sont même les inventeurs de **la première moissonneuse**. La culture des céréales est importante mais les Gaulois ne négligent pas les légumes de jardin (petits pois, fèves...). On entrepose le grain à l'abri des rongeurs, soit dans des greniers surélevés, soit dans des silos creusés profondément dans le sol. Dans le sud de la Gaule, on cultive aussi du raisin. Les élevages sont constitués principalement de porcs à demi-sauvages, de moutons, de chèvres et de poules. Les bœufs et les chevaux sont surtout réservés aux travaux des champs. Grâce à des lances à pointe de fer, des flèches, des épieux en bois et des pièges de toutes sortes, les Gaulois chassent lapins, cerfs, chevreuils et sangliers.

araire

Première moissonneuse.

LES ORIGINES

Les Gaulois ont pour origine des paysans du néolithique et des peuples venus du centre de l'Europe. Le nom de « Celtes » est donné par les Romains et les Grecs à ceux qu'ils appellent aussi les « Barbares du nord ». Ces populations celtiques sont unies par une langue et une culture communes. À partir du VIIIe siècle av. J.-C., ils maîtrisent le travail du fer, ce qui, dès lors, leur confère une grande force dans les domaines de l'outillage et de l'armement. À partir du Ve siècle av. J.-C., on nomme « Gaulois » les habitants de la Gaule, un territoire compris entre la Garonne et le Rhin.

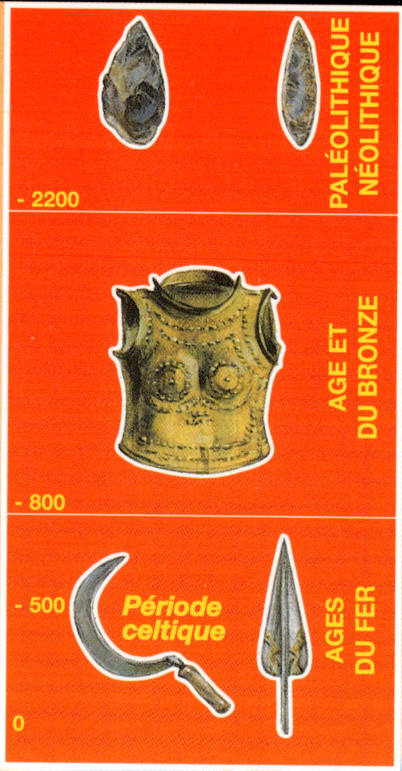

La période gauloise, inscrite dans ce que l'on appelle le « 2e âge du fer », marque pour beaucoup d'historiens le passage de la préhistoire à l'histoire.

La civilisation du fer

La civilisation celte est l'une des premières ayant appris à développer l'usage d'un nouveau métal : le fer. Auparavant, on savait déjà obtenir du bronze en faisant fondre de l'étain et du cuivre, mais le bronze est coûteux et moins résistant que le fer. **Vers 800 av. J.-C.**, apparaissent les premiers objets forgés en fer. La découverte de ce nouveau minerai et son utilisation font rapidement progresser les Celtes dans de nombreux domaines. Par chance, le sol de Gaule est riche en minerai. Ainsi, les Gaulois exploitent des mines et trouvent matière à réaliser leurs armes et outils.

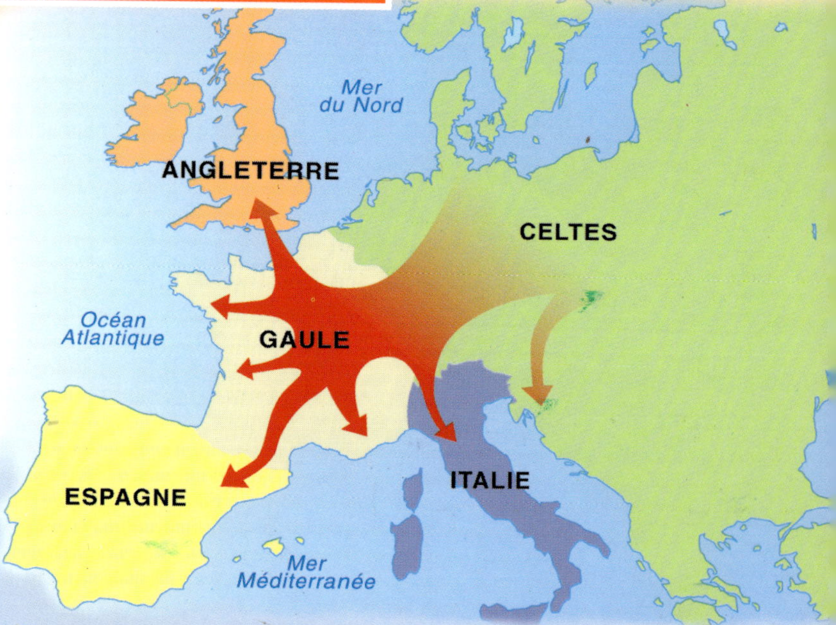

L'installation des Celtes

Poussés par la recherche de nouvelles terres, des peuples de l'Est suivent les fleuves, conquièrent peu à peu des territoires de l'ouest de l'Europe (Espagne, Portugal, Angleterre) et du sud (nord de l'Italie, Turquie), et s'y installent en famille par vagues successives. Ces chasseurs nomades choisissent des lieux à défricher où ils bâtissent des villages. Les populations locales auxquelles ils se mêlent sont des paysans qui utilisent à peine le bronze et se servent encore du silex.

Vers 500 av. J.-C., les paysans de la Gaule adoptent la langue celte, ainsi que les outils et les armes de cette civilisation.

Pendant plusieurs siècles, des populations venues de l'Est s'installent sur de nouveaux territoires à travers l'Europe. En Gaule, ils se mêlent aux paysans déjà présents, ils sont appelés Gaulois.

OÙ VIVENT LES GAULOIS ?

Les Gaulois vivent en famille dans des fermes isolées, des hameaux et des villages. Dès le IIIe siècle av. J.-C., certains habitent les villes fortifiées qui servent aussi de centres de commerce et que l'on nomme « oppidum ».

À quoi ressemblent leurs maisons ?

Selon les régions, les maisons gauloises peuvent avoir des formes différentes mais les matériaux utilisés pour les bâtir sont souvent les mêmes : du chaume, des roseaux ou des tuiles de bois pour couvrir le toit, et pour les murs, des rondins ou des branches entrelacées enduites de terre et de paille (le torchis).

Et à l'intérieur ?

Une seule grande pièce abrite toute la famille. Pour éviter les courants d'air, on ne fait pas de fenêtres, mais souvent **un foyer** central permet d'éclairer la pièce, de la chauffer et de cuire les aliments. Le mobilier est constitué de coffres en bois, d'étagères, de tables basses et de banquettes, sur lesquelles sont disposées des peaux de bêtes et des couvertures. À côté des maisons, on construit des abris pour les bêtes et le fourrage.

Des villes fortifiées : les oppida

À l'époque gauloise, l'oppidum (oppida au pluriel) est une place forte où peuvent se réfugier les populations locales en cas de danger. L'oppidum a une importance économique et politique, certains sont capitales de région. L'oppidum est souvent protégé par un

C'est grâce aux fouilles organisées sur des anciens oppida, comme à Bibracte, capitale gauloise des Éduen, que les archéologues ont pu découvr. de nombreux détails sur la vie quotidienne des Gaulois.

système défensif imparable : **le murus gallicus,** un rempart en pierre armé de poutres de bois entrecroisées et elles-mêmes fixées par de solides clous en fer. Cette fortification entoure la ville sur plusieurs kilomètres.

L'activité dans les oppida

Ces places fortes sont des centres de commerce importants où sont installés de nombreux artisans et où se retrouvent paysans de la région et commerçants de passage venus chercher outillage, textiles, poteries, aliments... Au fil des rues s'alignent les ateliers des artisans, les habitations, les granges et les dépendances et, entre ces constructions, se trouve parfois un lieu de culte, une fontaine, une place de marché...

Pour établir un oppidum, on choisit un lieu difficilement accessible, une boucle de fleuve, un promontoire ou tout autre point pouvant décourager les ennemis.

LA GUERRE DES GAULES

.es Gaulois sont réputés ›our leur esprit guerrier ›t leur sens de l'honneur. .e plus souvent, ils partent ›n guerre pour la conquête le nouvelles terres, mais l n'est pas rare qu'ils ;'affrontent entre clans voisins.

'olitique de conquêtes

\u IVe siècle av. J.-C., s mènent vers le Sud et l'Est le nombreuses conquêtes. Lors le ces combats, les Gaulois 'opposent plus d'une fois aux Romains, qui désirent agrandir leur empire.

L'expansion romaine

Les Romains commencent par conquérir la province narbonnaise, puis, à partir de 58 av. J.-C., **César**, chef romain nommé gouverneur de cette province, se lance dans des campagnes intensives vers la Gaule. Il parvient à dominer peu à peu la majorité des peuples gaulois, articulièrement désunis. Ainsi, ésar conquiert la Gaule belge, Armorique, l'Aquitaine...

'ercingétorix

e peuple arverne résiste à envahisseur. Vercingétorix, jeune chef de ce peuple, arvient en 52 av. J.-C. à réunir autour des siens d'autres peuples gaulois afin de contrer les dernières offensives romaines. Les batailles sont difficiles et les Romains continuent à prendre des villes gauloises. Cependant, César est battu par Vercingétorix à **Gergovie**.

La défaite gauloise

Vercingétorix et ses troupes ne peuvent s'empêcher de poursuivre l'armée romaine en retraite. Mais, à **Alésia**, les Romains se réorganisent et encerclent les Gaulois dans leur propre camp. Les Romains construisent alors d'incroyables fortifications et des fossés autour de l'oppidum. Après deux mois de siège, les troupes de Vercingétorix sont affamées et épuisées. Les Gaulois sont contraints de se rendre à César. Vercingétorix est emmené à Rome et exécuté tandis que César rattache les derniers territoires gaulois à son empire. La Gaule devient une province romaine.

DATES IMPORTANTES

IVe siècle av. J.-C. : Conquêtes gauloises au sud et à l'est de l'Europe (Italie, Grèce).

IIIe siècle av. J.-C. : Les Romains arêtent les conquêtes gauloises.

58 av. J.-C. : César entreprend de conquérir la Gaule.

57 av. J.-C. : Les Romains prennent la Gaule belge puis l'Armorique.

56 av. J.-C. : L'Aquitaine est aussi conquise.

53 av. J.-C. : Toute la Gaule est conquise sauf le peuple arverne, en Auvergne.

52 av. J.-C. : Des Gaulois du centre de la France se réunissent autour du chef arverne Vercingétorix pour contrer les envahisseurs. César est battu à Gergovie puis il assiège Vércingétorix à Alésia et sort victorieux.

51 av. J.-C. : La Gaule devient romaine.

s
u
esses
nt

LE COMMERCE

Les Gaulois font du commerce afin de se procurer les ressources naturelles et les denrées qu'ils n'ont pas. Les échanges se font entre voisins, mais aussi avec des peuples plus éloignés.

Quels produits sont échangés ?

Les Gaulois vont vendre des céréales et des textiles et des minerais aux Méditerranéens tels que les Romains et les Grecs, tandis qu'ils rapportent en Gaule des poteries de luxe, du vin et de l'huile d'olive. À travers l'Europe, ils se procurent aussi les minerais que leurs mines ne produisent pas.

Les Gaulois font du troc, puis, au 3e siècle avant J.-C, ils utilisent des monnaies qu'ils copient sur le modèle grec. Les Arvernes sont les premiers à fabriquer des pièces gauloises.

Le transport des marchandises

Les Gaulois préfèrent les côtes au grand large. En revanche, les rivières et les fleuves sont très empruntés pour le transport des marchandises et, sur les bords du Rhône et de la Loire, qui traversent la Gaule, s'établissent des centres de commerce. Ces échanges les obligent à développer et à aménager **de nouvelles voies terrestres,** qui seront améliorées ensuite par les Romains. Des ponts de bois sont ainsi bâtis pour franchir les rivières. Sur les routes circulent chariots et chars tirés par des chevaux ou des bœufs. L'oppidum est le lieu où se fait l'essentiel du commerce local.

Le long des rivières, les Gaulois pratiquent le halage : ils tirent de petites embarcations en bois chargées de marchandises.

Sur les bords des principaux fleuves de Gaule, s'établissent quelques ports de commerce.

LA RELIGION

Les Gaulois respectent de nombreux dieux, qui ne sont pas les mêmes pour tous les peuples de la Gaule. Ces divinités sont pour la plupart liées à des éléments naturels : l'eau, le feu, le ciel... On les invoque afin que les récoltes soient abondantes ou que les guerriers sortent victorieux des batailles...

Le druide

C'est l'intermédiaire entre les dieux et les hommes. Ce prêtre dispose d'un savoir que n'ont pas les autres membres du clan. On le consulte pour les questions divines, mais aussi pour rendre la justice et pour l'éducation des enfants. Il connaît bien la forêt, considérée comme un lieu sacré, et il sait trouver et utiliser les plantes qui soignent et fortifient.

Les cultes

Les Gaulois représentent rarement leurs dieux, pourtant quelques sculptures en bois, en pierre ou en métal sont interprétées comme des représentations divines. Ils vénèrent certaines rivières et sources aux vertus curatives. Ils croient également à une vie après la mort.

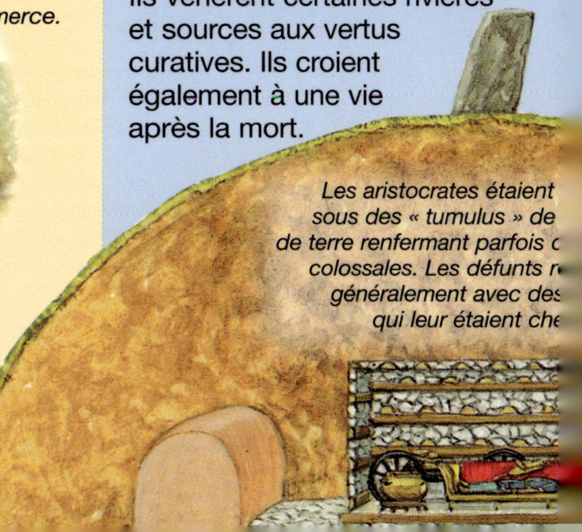

Les aristocrates étaient sous des « tumulus » de de terre renfermant parfois c colossales. Les défunts r généralement avec des qui leur étaient che

LES
GAULOIS

en résumé

Les Gaulois ont vécu il y a environ 25 siècles, **entre le Ve siècle av. J.-C. et le 1er siècle ap. J.-C**. Ceux que les Romains appelaient les « Barbares du nord » étaient en réalité des paysans et des forestiers efficaces et des artisans habiles, qui **maîtrisaient le travail du fer**. Constitués de différents peuples ayant une culture et une langue communes, ils habitaient la partie du **monde celtique** située entre la Garonne et le Rhin. Avant l'invasion romaine, les Gaulois furent à l'origine de nombreux **progrès techniques** dans différents domaines. Les fouilles archéologiques réalisées en divers endroits de ce qu'était la Gaule ont pu révéler d'intéressantes informations sur la vie quotidienne de nos ancêtres.

Conception : Daniel Boudineau
Texte : Stéphanie Redoulès
Images : Linden Artists
Conseiller historique :
Centre archéologique européen du Mont-Beuvray

ISBN : 2-84064-352-9

Loi n°49-956 du 16 juillet 1949 sur les publications destinées à la jeunesse.
Dépôt légal : date de parution
Imprimé en Italie (01-06).

9 782840 643524

DOCUMENTATION SCOLAIRE DÉTACHABLE

LA CHASSE

Lorsqu'ils se rendent à la chasse dans les forêts de Gaule, les Gaulois utilisent des épieux en bois, des lances à pointe de fer, des flèches et des pièges de toutes sortes. Ils rapportent sangliers, chevreuils, lapins...

LES BANQUETS

Lorsqu'ils rentrent de la guerre ou de la chasse, les Gaulois aiment festoyer. Ils se réunissent pour partager viande rôtie et cervoise (sorte de bière). Ces assemblées sont animées par les récits du barde, le poète du clan.

LES CELTES

Les Celtes sont formés de plusieurs peuples unis par un langue et une culture communes. Venus d'Europe centrale, ils parcourent l'Europe de l'Ouest et du Sud, où ils s'installent. Les Celtes de Gaule sont appelés Gaulois.

LES VILLAGES

Les Gaulois vivent le plus souvent à la campagne dans des fermes isolées, dans des hameaux, au cœur de petits villages ou, à partir du IIIe siècle av. J.-C., à l'intérieur de villes fortifiées appelées « oppida ». Les villages sont sans doute formés de plusieurs familles qui vivent de leur propre production (culture et élevage). Les oppida, plus grands, sont plus animés et abritent surtout des commerçants et des artisans.

L'OPPIDUM

L'oppidum est souvent un centre politique, économique et administratif important. Généralement protégé par une enceinte solide, l'oppidum représente un refuge pour les populations locales, et c'est aussi un lieu de commerce actif.

LE FORGERON

C'est un artisan important dans le village. Grâce à sa technique, il transforme le fer et le façonne pour créer des outils, des armes et des instruments essentiels à la vie quotidienne.

L'AGRICULTURE

La plupart des Gaulois sont des paysans : la culture est leur activité principale. Grâce à leur maîtrise du fer, ils améliorent considérablement les techniques agricoles et inventent même la première forme de moissonneuse.

LES MAISONS

Les maisons sont simples : leur toit est constitué d'une charpente en bois recouverte de chaume, de roseaux ou de tuiles de bois et les murs sont faits avec des rondins ou des branches entrelacées enduites de terre mélangée à de la paille.

L'INTÉRIEUR DES MAISONS

Les maisons sont constituées d'une seule pièce sans fenêtres, avec un foyer central pour faire cuire les aliments et se chauffer. Les seuls meubles sont des étagères, des banquettes ou coffres de bois sur lesquels on pose des tissages et des couvertures.

LES ARTISANS

Tous les objets de la vie quotidienne gauloise font appel au talent des artisans : potiers, forgerons, charpentiers, tisserands, tanneurs, bourreliers... Les Gaulois confectionnent ainsi leurs outils, leurs armes, leurs vêtements et améliorent certaines techniques. De nombreux objets en verre, en bois ou en fer, retrouvés lors de fouilles archéologiques sur d'anciens sites gaulois, témoignent de leur savoir-faire.

LE « MURUS GALLICUS »

Pour bâtir les remparts de leurs oppida, les Gaulois inventent une technique de construction très efficace qui consiste à renforcer le mur d'enceinte par des poutres de bois entrecroisées et fixées grâce à des clous en fer forgé.

LE COMMERCE

Les peuples gaulois font du commerce entre eux, mais aussi avec les peuples voisins. Ils se procurent des poteries, de l'huile d'olive et du vin auprès des Grecs et des Romains et leur fournissent en échange textile, céréales...

LES TRANSPORTS

Les échanges commerciaux poussent les Gaulois à améliorer certaines routes, à en aménager de nouvelles et à construire des ponts de bois. Ils se servent aussi des rivières et des fleuves pour transporter les marchandises.

LA GUERRE DES GAULES

Entre le IVe et le Ier siècle avant J.-C., les Gaulois et les Romains s'affrontent à de nombreuses reprises, mais les peuples gaulois sont divisés et le chef romain César profite de cette division pour conquérir la Gaule entière.

LA MONNAIE

Ce n'est qu'au IIe siècle avant J.-C. que les Gaulois commencent à utiliser les pièces de monnaie. Auparavant, ils échangent les marchandises. Leurs premières pièces sont copiées sur les monnaies grecques.

LA RELIGION

Les Gaulois croient en plusieurs dieux. Ils invoquent ces divinités pour que les récoltes soient abondantes, pour vaincre les maladies ou gagner les guerres. Le prêtre du clan, s'appelle le druide, c'est l'intermédaire entre les hommes et les dieux.

DOCUMENTATION SCOLAIRE DÉTACHABLE